VENTE

**Du Samedi 2 Mars 1907**

HOTEL DROUOT, SALLE N° 7

*à 2 heures*

# Objets de Vitrine

## ET DE CURIOSITÉ

COMMISSAIRE-PRISEUR

M° PAUL CHEVALLIER

EXPERTS

MM. MANNHEIM

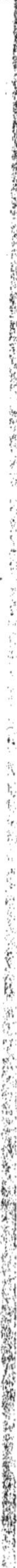

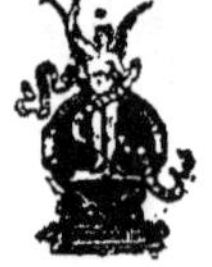

# CATALOGUE

DES

# OBJETS DE VITRINE

## ET DE CURIOSITÉ

## PORCELAINES DE CHINE ET DE SAXE

Objets variés de la Chine et du Japon

## BOITES, MINIATURES, ÉVENTAILS

DONT LA VENTE AURA LIEU

## HOTEL DROUOT, SALLE Nº 7

### Le Samedi 2 Mars 1907

*à deux heures*

---

| COMMISSAIRE-PRISEUR | EXPERTS |
|---|---|
| **Mᵉ P. CHEVALLIER** | **MM. MANNHEIM** |
| 10, rue Grange-Batelière | 7, rue Saint-Georges |

---

## EXPOSITION PUBLIQUE

### Le Vendredi 1ᵉʳ Mars 1907, de 1 h. 1/2 à 5 h. 1/2

# CONDITIONS DE LA VENTE

Elle sera faite *au comptant*.

Les adjudicataires paieront *dix pour cent* en sus des enchères.

Imprimerie de l'Art, Ch. Berger et Cᵢᵉ, 41, rue de la Victoire.— Paris.

# DÉSIGNATION

## PORCELAINES ET FAIENCES

1 — Dix petits plateaux en porcelaine du Japon.

2 — Six bouteilles variées en porcelaine de Chine.

3 — Six tasses et six soucoupes en ancienne porcelaine de Chine : personnages et quadrillés.

4 — Pot à lait avec couvercle, flacon à thé, petit plateau, quatre tasses avec soucoupes. Ancienne porcelaine de Chine : fleurs en couleurs, fond bleu.

5 — Six tasses avec soucoupes en ancienne porcelaine de Chine : personnages dans des paysages.

6 — Théière et flacon à thé avec couvercles en ancienne porcelaine de Chine : personnages dans des paysages.

7 — Deux petits plateaux variés. Même porcelaine.

8 — Pot à lait avec couvercle en ancienne porcelaine de Chine : fleurs et quadrillés.

9 — Sucrière, fleurs, faïence.

10 — Deux vases en porcelaine : paysages avec animaux, fond
doré. Commencement du XIX<sup>e</sup> siècle.

11 — Tasse et soucoupe, pot à lait, théière, sucrier, salière
et coquetier, porcelaine, fond gros bleu, avec armoiries.

12 — Deux petits vases, décor bleu, haie fleurie. Porcelaine
de Chine.

13 — Groupe en ancienne porcelaine de Saxe, scène galante :
berger et bergère, avec brebis et chien.

14 — Petit buste en biscuit : portrait présumé du duc de
Villeroy, pied à feuillages, en ancien biscuit de Mennecy.

15 — Statuette en ancien biscuit : Dénicheur d'oiseaux.

16 — Statuette : l'Hiver, en ancienne porcelaine tendre
blanche.

17 — Petit vase, fleurs. Ancienne porcelaine tendre de
Mennecy.

18 — Deux salières, barbeaux. Ancienne porcelaine de Locré.

19 — Quatre pots de toilette avec couvercles : fleurs. Ancienne porcelaine de Paris.

20 — Quatre autres : barbeaux.

21 — Deux petites tasses cylindriques, roses et guirlandes
de laurier, en ancienne porcelaine tendre de Sèvres.

22 — Petite tasse cylindrique en ancienne porcelaine dure de Sèvres, avec soucoupe en ancienne porcelaine tendre de Sèvres : fleurs.

23 — Etui à ciseaux en porcelaine d'Allemagne ; monture en cuivre.

24 — Etui en porcelaine d'Allemagne : sujets galants.

25 — Soupière, avec plateau et couvercle, en ancienne porcelaine de Chine : fleurs et imbrications.

26 — Légumier rond, même porcelaine : fleurs en dorure.

27 — Légumier rond, même porcelaine : bouquets de fleurs.

28 — Plateau, décor bleu. Ancienne porcelaine de Chine.

29-30 — Environ quarante-neuf assiettes en ancienne porcelaine de Chine, décors variés.

31 — Quatre plats octogones en ancienne porcelaine de Chine : oiseaux sur des arbustes, marlis à fleurs et réserves.

32 — Bouteille en ancien céladon bleu-turquoise de la Chine, gravé sous couverte, à décor de dragons.

33 — Pitong quadrilatéral : fleurs et oiseaux, porcelaine de Chine. Fin de l'époque Kien-lung.

34 — Deux pitongs variés, même porcelaine : personnages et fleurs.

35 — Chimère en ancien blanc de Chine.

36 — Petit vase, décor de fleurs, ancienne porcelaine de Chine. Epoque des Ming.

37 — Deux petits bols : dragons sur fond vert. Porcelaine de Chine.

38 — Vase surbaissé : scène familiale. Ancienne porcelaine de Chine.

39 — Petit vase, décor de fleurs, en ancienne porcelaine de Chine.

40 — Statuette de Kouan-in en ancien blanc de Chine.

41 — Coupe sur pied élevé, à rinceaux, en porcelaine de Chine.

42 — Pot ovoïde en ancienne porcelaine de Chine, décor bleu, chimères ; fond caillouté à fleurs de pêcher.

43 — Pot ovoïde avec couvercle en ancienne porcelaine de Chine, décor bleu, fleurs sur fond caillouté.

44 — Cruche en ancien grès de Nassau : fleurs, fond bleu.

## OBJETS DE LA CHINE ET DU JAPON

45 à 48 — Dix inros variés en laque du Japon. (Seront divisés.)

49 — Dix boutons en ivoire, corne ou bois, ornés d'appliques en bronze. Japon.

50 — Dix petites appliques variées (menouki) en bronze : écran, poisson, singes, etc. Japon.

51 — Douze gardes de sabres variées en bronze. Japon.

52 — Dix manches de couteaux variés en bronze. Japon.

53 — Douze extrémités de poignées de sabres en bronze. Japon.

54-55 — Dix netzukés variés en ivoire. Japon.

56 — Petit écran en jade vert, monture en bois. Chine.

57 — Lot de perles en jade de la Chine.

58 — Deux petits écrans chinois en ivoire.

59 — Petit vase chinois en verre blanc et rouge à fleurs.

60 — Cornet en émail de Canton, fond bleu.

# OBJETS DIVERS

61 — Six râpes à tabac en ivoire, décors variés. XVIIIe siècle. (Seront divisées).

62 — Trois râpes à tabac, bois incrusté de nacre. XVIIIe siècle.

63 — Quatre râpes à tabac, variées, en bois sculpté et gravé. XVIIIe siècle.

64 — Grande râpe à tabac en bois sculpté, à rosaces. xviii<sup>e</sup> siècle.

65 — Petit groupe en ivoire : le Bon Pasteur. Travail espagnol du xvii<sup>e</sup> siècle.

66 — Râpe à tabac en ivoire, ornée d'un satyre. xvii<sup>e</sup> siècle.

67 — Râpe à tabac en ivoire : jeune femme. xvii<sup>e</sup> siècle.

68 — Râpe à tabac en ivoire : buveur. xvii<sup>e</sup> siècle.

69 — Eventail à monture d'ivoire et de nacre, sur la feuille : le Concert dans le parc. xviii<sup>e</sup> siècle.

70 — Eventail à monture d'ivoire ajouré : sujet allégorique sur la feuille. xviii<sup>e</sup> siècle.

71 — Eventail à monture d'ivoire, garni en marabout.

72 — Eventail en écaille blonde et plumes d'autruche.

73 — Eventail à monture d'ivoire ajouré, feuille en soie pailletée.

74 — Trois petits éventails, ivoire et corne.

75 — Deux éventails, bois, nacre et feuille imprimée.

76 — Eventail à feuille, ornée de roses. Signé : *Rivoire.*

77 — Eventail, décoré à la plume : patineurs. Signé : *Finol.*

78 — Boîte en racine, ornée d'une miniature Empire : Portrait de femme.

79 — Boîte, décorée en rose, au vernis, galonnée de cuivre, ornée d'une peinture sur émail : Portrait d'enfant, du temps de Louis XVI.

80 — Boîte en racine, ornée d'un bas-relief : la Famille impériale.

81 — Coffret en bois, décoré en jaune, au vernis et monté en métal.

82 — Boîte en écaille brune, ornée d'un médaillon peint sur émail : tête d'homme en grisaille. Époque Louis XVI.

83 — Tabatière en écaille brune, posée or. Époque Louis XVI.

84 — Tabatière en écaille brune, couvercle formé d'une plaque d'albâtre avec miniature : Portrait de femme. XVIII siècle.

85 — Médaillon rond, peint sur émail : sujet galant. Époque Louis XV.

86 — Deux pièces, ivoire : petite tête d'enfant et béquille de canne.

87 — Cinq miniatures : Portraits d'hommes et de femmes de diverses époques.

88 — Médaillon ovale peint sur émail : Portrait de femme, en buste, en costume Louis XV.

89 — Médaillon peint sur émail : Portrait de femme en buste, en costume Louis XVI.

90 — Breloque, forme cœur, enrichie de grenats.

91 — Dix boucles variées en argent, cuivre et strass.

92 — Ornement en métal et strass, et deux broches en jais, strass et métal.

93 — Étui en argent doré : oiseaux et trophées d'instruments de musique.

94 — Flacon en cristal ; monture en argent doré à fleurs.

95 — Loupe, montée en argent doré.

96 — Châtelaine en cuivre doré : oiseaux et trophées.

97 — Bijou-triptyque en cuivre gravé et doré.

98 — Porte-mine en or.

99 — Croix reliquaire en argent gravé. Travail espagnol.

100 — Paire de ciseaux en or.

101 — Paire de ciseaux en or émaillé, dans un étui en cuivre et émail. Commencement du XIX$^e$ siècle.

102 — Médaillon en argent émaillé, en forme de quadrilobe.

103 — Montre, forme ovoïde, en émail et argent.

104 — Deux médailles en bronze : Isotte de Rimini et Barthélemy Pendaglia.

105 — Petite pendule en bronze, mouvement porté par un lion.

106 —. Panneau en bois sculpté en bas-relief, décoré d'un satyre entre des cornes d'abondance et des rinceaux. Encadré.

107 — Miniature : Portrait de femme, assise, vêtue de bleu, en corsage décolleté, feuilletant un livre. Époque Louis XVI.

108 — Miniature : Portrait de femme, à mi-corps, assise, en corsage blanc, avec écharpe jaune. Fin du XVIII<sup>e</sup> siècle.

109 — Boîte en racine, ornée d'une peinture sur émail, de l'école de Petitot : Portrait d'homme en buste, portant la perruque et l'armure, avec le ruban de l'ordre du Saint-Esprit en sautoir. XVII<sup>e</sup> siècle.

110 — Boîte hollandaise en argent gravé, à personnages et fleurs. XVIII<sup>e</sup> siècle.

111 — Navette en nacre argentée. XVIII<sup>e</sup> siècle.

112 — Étui, forme livre, en cuir doré, contenant deux flacons en cristal, à bouchon d'argent. XVIII<sup>e</sup> siècle.

113 — Flacon en cristal, à bouchon d'or.

114 — Petit cadran solaire en argent. Daté : *1667*.

115 — Eventail en corne peinte à fleurs. Commencement du XIX<sup>e</sup> siècle.

116 — Quatre pièces, bronze : petit triptyque, travail greco-russe; petite croix, cuivre gravé; médaille, ornée d'une fleurs de lys ; petit écusson armorié.

117 — Deux flacons en verre, décor doré, quadrillés et fleurs.

118 — Deux flambeaux, bronze, à feuillages et cannulures obliques.

119 — Console à accrocher en bois sculpté et peint gris, à rosaces et guirlandes Louis XVI. Dessus de marbre.

www.ingramcontent.com/pod-product-compliance
Lightning Source LLC
LaVergne TN
LVHW021919180726
843502LV00008B/3168